BIBLIOTHÈQUE CHARLEROI
4740, rue de Charleroi
Montréal-Nord H1H 1V2 514-328-413

FONDATEURS DES RELIGIONS

Le Bouddha et le bouddhisme

Kerena Marchant

Gamma • École active

Les fondateurs des religions

Jésus et le christianisme
Le Bouddha et le bouddhisme

Moïse et le judaïsme
Mahomet et l'islam

© White-Thomson Publishing Ltd 2003

Titre original : *The Buddha and Buddhism.*

© Éditions Gamma,
60120 Bonneuil-les-Eaux, 2003,
pour l'édition française.
Traduit par Noëlle Commergnat.
Dépôt légal : mars 2003.
Bibliothèque nationale.
ISBN 2-7130-1972-9

Exclusivité au Canada :
Éditions École Active
2244, rue de Rouen, Montréal,
Qué. H2K 1L5.
Dépôts légaux : mars 2003.
Bibliothèque nationale du Québec,
Bibliothèque nationale du Canada.
ISBN 2-89069-721-5

Loi n° 49-956 du 16 juillet 1949
sur les publications destinées à la jeunesse.

Imprimé en Espagne.

Crédits photographiques : AKG 6 (Jean-Louis Nou), 7 (b) (Gilles Mermet), 11 (Gilles Mermet), 12 (Jean-Louis Nou), 17 (Jean-Louis Nou), 31 (Jean-Louis Nou), 42-43 (Erich Lessing), 45 (Gilles Mermet) ; Art Directors and Trip Photo Library *page de titre* (T Bognar), 7 (Dinodia), 8 (H Rogers), 9 (H Rogers), 15 (T Bognar), 21 (h) (P Treanor), 23 (h) (T Bognar), 24 (H Rogers), 35 (C Rennie), 40 (Resource Foto), 45 (b) (P Treanor) ; Britstock-IFA 14 (Bernd Ducke), 18, 23 (b) (M Gottschalk), 34 (M Gottschalk), 37 (b) (Haga), 44 (Keribar), Chapel Studios/Zul Mukhida *couverture* (h) 16 (b), 19, 22, 27, 29, 36, 37, 41; Circa Photo Library 10, 20 (William Holtby), 25 (MCR), 28, 32 (John Smith), 38 (William Holtby), 39 (William Holtby), Image Bank *couverture* ; Impact 16 (h) Mark Henley; Anne & Bury Peerless 26, 33; Tibet Images 4 (Ian Cumming), 5 (Ian Cumming), 21 (b) (Ian Cumming), 30 (Neville Hopwood).

Sommaire

Le bouddhisme, qu'est-ce que c'est ?	4
La vie du Bouddha	6
Les enseignements du Bouddha	14
Les textes sacrés	26
Les lieux sacrés	30
Les fêtes et les célébrations	36
Le bouddhisme aujourd'hui	44
Glossaire	46-47
Index	48

Le bouddhisme, qu'est-ce que c'est ?

Le bouddhisme se fonde sur les enseignements et l'exemple d'un seul homme, le Bouddha. C'était un prince indien, Siddharta Gautama, qui vécut voilà environ 2 500 ans. Siddharta Gautama était troublé par la souffrance des hommes : il voulait découvrir ce qui la causait et comment on pouvait y mettre un terme. Quand il trouva les réponses, il atteignit « l'éveil » et ses disciples lui donnèrent le nom de « Bouddha » qui signifie « l'Éveillé ». Après avoir connu l'éveil vers 531 av. J.-C., il voyagea dans tout le Nord-Est de l'Inde et enseigna sa doctrine.

Il est impossible de dire à quoi ressemblait Siddharta Gautama d'après les différentes statues du Bouddha. L'expression paisible et sage de cette statue sri lankaise nous donne une bonne idée de son caractère. ▶

Une religion sans dieu

Le bouddhisme se distingue de beaucoup d'autres religions, car la notion de Dieu n'y est pas apparente. Son fondateur, le Bouddha, n'accomplissait pas de miracles et ne prétendait pas être un homme différent des autres.

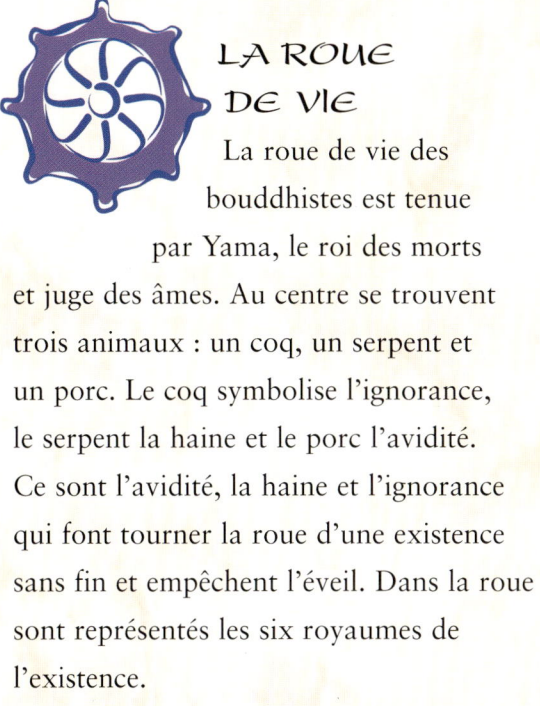

LA ROUE DE VIE

La roue de vie des bouddhistes est tenue par Yama, le roi des morts et juge des âmes. Au centre se trouvent trois animaux : un coq, un serpent et un porc. Le coq symbolise l'ignorance, le serpent la haine et le porc l'avidité. Ce sont l'avidité, la haine et l'ignorance qui font tourner la roue d'une existence sans fin et empêchent l'éveil. Dans la roue sont représentés les six royaumes de l'existence.

Le Bouddha enseignait comment, en suivant un genre de vie, surmonter la souffrance et atteindre l'éveil. Les bouddhistes appellent l'état d'éveil le *nirvana*.

▲ La roue de vie sur une peinture bouddhique du Nord de l'Inde.

La réincarnation

Les bouddhistes croient en la réincarnation : l'âme d'un mort renaît sous une forme humaine ou non. Selon eux, le début d'une nouvelle vie est le résultat de la vie antérieure. Mais la vie est toujours soumise au changement. Les actions de chaque vie conduisent une âme plus ou moins près de son but ultime, l'éveil. Seul l'éveil peut mettre un terme au cycle sans fin des morts et des renaissances. En suivant les enseignements du Bouddha, il est possible d'y parvenir.

La vie du Bouddha

Le prince

Quand le jeune prince Siddharta naquit, un devin lui rendit visite. Le vieux sage pressentit que le bébé deviendrait un grand homme. Selon ses prédictions, il délivrerait les hommes des maux de ce monde ou serait un grand roi. Le père de Siddharta décida que le bébé serait roi parce qu'il voulait que son fils ne connaisse que le luxe et ignore la souffrance.

Le jeune prince reçut trois palais et grandit en ne connaissant que le bonheur et le luxe, protégé des souffrances du monde. Mais Siddharta sentait que quelque chose manquait à sa vie, sans jamais parvenir à trouver ce que c'était.

Siddharta grandit. Il épousa la belle princesse Gopa Yasodhara dont il eut un fils. Mais Siddharta appela son fils « Rahula », ce qui signifie « chaîne ». Il se sentait comme enchaîné : il devait y avoir quelque chose de plus dans la vie.

Un jour, Siddharta décida de découvrir le monde au-delà du palais et il sortit en chariot. Il vit un vieil homme qui se déplaçait en boitant. Siddharta demanda au conducteur pourquoi le vieil homme boitait.

◀ Le prince Siddharta naquit dans le bois de Lumbini sous un figuier pipal. Sa mère, la reine Maya, mourut quelques jours après sa naissance.

Le conducteur répondit :
« C'est la vie ! » Le lendemain, le jeune prince fut choqué d'entendre un malade gémir de douleur. Le jour suivant, il croisa des parents en pleurs suivis d'un cortège funèbre. Et le lendemain, il rencontra un sage, le visage serein, en train de mendier paisiblement pour manger et pour boire.

Le jeune prince ne voulut plus vivre dans un grand palais. Il désirait comprendre pourquoi les gens naissaient, mouraient et souffraient, et découvrir la manière de se délivrer de la souffrance. Il décida de chercher la vérité, c'est-à-dire le sens de la vie. Cette nuit-là, celle de son vingt-neuvième anniversaire, il quitta le palais. Quand il atteignit la forêt, il se coupa les cheveux et échangea ses riches habits pour des haillons de mendiant. Les bouddhistes appellent cet événement le « grand renoncement ».

▲ Le prince comprit que la souffrance et la mort touchent chaque homme, riche ou pauvre, et que nul ne peut y échapper, pas même lui.

LE RENONCEMENT

Vivant en Inde, le prince aurait pu connaître les enseignements des prêtres et des saints hommes errants avant d'atteindre l'éveil ainsi que le font les religieux bouddhistes depuis des siècles. Ils renoncent au monde pour chercher la vérité. Tous les bouddhistes tentent d'avoir un comportement de rigueur et de pureté dans leur vie quotidienne.

Sur cette peinture thaïlandaise, Siddharta se coupe les cheveux. Ce geste symbolise son renoncement au monde. ▶

L'Éveillé

Siddharta chercha désormais la vérité et l'éveil. Il décida d'aller à la rencontre des saints hommes qui pourraient peut-être lui apprendre le sens du monde. Mais il fut rapidement insatisfait de leurs enseignements.

Il décida alors de vivre en ascète, pratiquant les formes les plus sévères de mortifications. Il se retira dans une forêt avec cinq autres chercheurs de vérité, impressionnés par sa détermination de parvenir à l'éveil. Siddharta et ses compagnons jeûnèrent, ne mangeant qu'un seul grain de riz par jour. Ils se flagellèrent et se brûlèrent. Parfois, ils restaient debout des semaines entières.

Après plusieurs années, Siddharta était complètement épuisé par cette vie de privations. Il était allongé, presque mourant, quand une femme passa près de lui, portant du lait. Elle le prit en pitié, et lui offrit un peu de lait. Après en avoir bu, Siddharta sentit ses pensées s'éclaircir et comprit que l'ascèse ne menait pas à l'éveil. Ses cinq compagnons, consternés par ce revirement, le quittèrent.

◀ Siddharta faillit mourir de faim, mais il comprit que le jeûne ne mène pas à la vérité, il vous rend juste malade. Il décida alors d'accepter le lait qu'une femme lui offrait.

La vie du Bouddha

LE FIGUIER PIPAL À BODH-GAYA

Le figuier pipal, l'arbre *bodhi* (arbre de l'éveil) sous lequel le Bouddha méditait, devint un lieu de pèlerinage. En 1879, il dépérit. Une de ses branches fut plantée et donna un nouvel arbre. Aujourd'hui, ce figuier de 2500 ans est le plus vieil arbre connu du monde.

Le Bouddha médite sous l'arbre *bodhi*. Il est détendu et cherche la vérité en lui-même. On le montre assis sur une fleur de lotus, symbole de sagesse. ▶

Le jour de son trente-cinquième anniversaire, Siddharta vint en un lieu aujourd'hui appelé Bodh-Gaya (*bodhi* signifie « éveil »), plus déterminé que jamais à atteindre l'éveil. Il confectionna un tapis d'herbe qu'il plaça sous un arbre. Puis, il s'assit sur ce tapis et dit : « Que ma peau se dessèche, que mes mains s'engourdissent, que mes os se flétrissent. Je ne bougerai pas d'ici tant que je n'aurai pas atteint l'éveil. » Il libéra son esprit de toute pensée et entra dans une longue méditation.

Pendant sa première nuit de méditation, il revécut toutes les expériences de ses vies passées. La seconde nuit, il vit tous les autres êtres accomplir leur cycle de vies, de morts et de renaissances, progressant ou régressant selon leurs actions dans chacune de leurs vies. La troisième nuit, il saisit la véritable nature des choses. Il s'était finalement délivré de la souffrance pour devenir un bouddha. Son cycle perpétuel de naissances et de renaissances était arrivé à son terme.

Le prêcheur

Le Bouddha avait atteint l'éveil ou *nirvana*. Empli de compassion pour tous les êtres, il voulait qu'ils puissent eux aussi réussir à se délivrer de la souffrance et atteindre le *nirvana*. Pendant les quarante-cinq années suivantes, il voyagea sans relâche à travers l'Inde, enseignant le *dharma*, la « loi universelle de la nature », et la voie de l'éveil.

Immédiatement après son éveil, il décida de partager cette expérience avec les cinq compagnons qui l'avaient suivi dans la forêt. Il se dirigea vers Bénarès et les trouva à Sarnath. Ces hommes refusèrent d'abord de croire que Siddharta était parvenu au *nirvana* et s'opposèrent à ce qu'il leur explique le *dharma*. Mais la sérénité du Bouddha finit par les persuader de l'écouter. Il prononça son premier sermon et, à la fin, ils reconnurent qu'il avait bien atteint le *nirvana*. Tous décidèrent alors de suivre le *dharma*.

Le Bouddha et ses cinq compagnons attirèrent beaucoup de disciples et bientôt soixante-dix moines les suivirent dans leurs pérégrinations. Beaucoup de gens, y compris des rois, se convertirent au bouddhisme.

Sur cette sculpture chinoise, le Bouddha enseigne à ses disciples.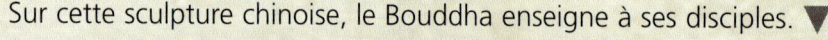

La vie du Bouddha

◀ Cette peinture thaïlandaise montre le Bouddha recevant les courtisans de son père. Après être resté des années sans voir son père, le Bouddha ignorait s'il lui avait pardonné d'avoir quitté le palais et comment il accepterait l'enseignement de son fils.

Des années plus tard, le Bouddha se rendit au palais de son père, à Kapilavastu. Finalement, le roi orgueilleux et tous ses nobles se convertirent. Même le jeune fils du Bouddha devint moine. La belle-mère du Bouddha fonda un ordre de nonnes bouddhistes.

Le Bouddha fonda une communauté de disciples, la *sangha*, composée de moines et de laïcs, hommes et femmes, travaillant ensemble pour s'aider sur la voie de l'éveil. Les moines prêchaient pendant que les laïcs subvenaient à leurs besoins, les nourrissant, leur offrant l'hospitalité et leur construisant des *vihara*, des logements pour les abriter pendant la saison des pluies. En retour, les moines transmettaient aux laïcs les enseignements du Bouddha.

FAIRE SON DEUIL

Une femme nommée Kisagotami perdit son enfant. Elle porta le corps de son fils au Bouddha. Il la réconforta et lui dit qu'il ne pouvait pas ramener son enfant à la vie. Comme elle était inconsolable, le Bouddha lui confia une tâche : rapporter une graine de moutarde provenant d'une maison où personne n'était mort. Elle visita beaucoup de foyers, mais ne put en trouver un où personne n'était mort. Elle comprit que le Bouddha lui avait enseigné une vérité de l'existence et mit un terme à son deuil. Elle devint nonne et atteignit l'éveil.

La mort du Bouddha

Quand le Bouddha atteignit quatre-vingts ans, il sentit que sa vie arrivait à sa fin. Dans son état d'éveil, la mort ne l'effrayait pas, car il était libéré du cycle perpétuel de renaissances et de morts. Son seul souci était que son enseignement sur le *dharma* continue et que la communauté bouddhiste, qu'il avait fondée, lui survive. Il savait que c'était grâce au *dharma* et à la *sangha* que d'autres trouveraient aussi la voie de l'éveil.

C'était la fin de la saison des pluies et tous les moines s'étaient réfugiés dans leur *vihara*. Lorsque les pluies s'arrêtèrent, le Bouddha sortit, vieux et affaibli. Il souhaitait faire un dernier voyage pour revoir ses disciples. En chemin, il mangea une nourriture avariée et tomba si malade qu'il craignit devoir s'arrêter. Sa détermination surmonta ses malaises et il atteignit Kusinagara.

Cette peinture d'une grotte du Sri Lanka montre le Bouddha allongé, attendant la mort. Sur un côté, des moines attendent et prient ; sur l'autre se trouvent des princes. Tous sont en paix. ▼

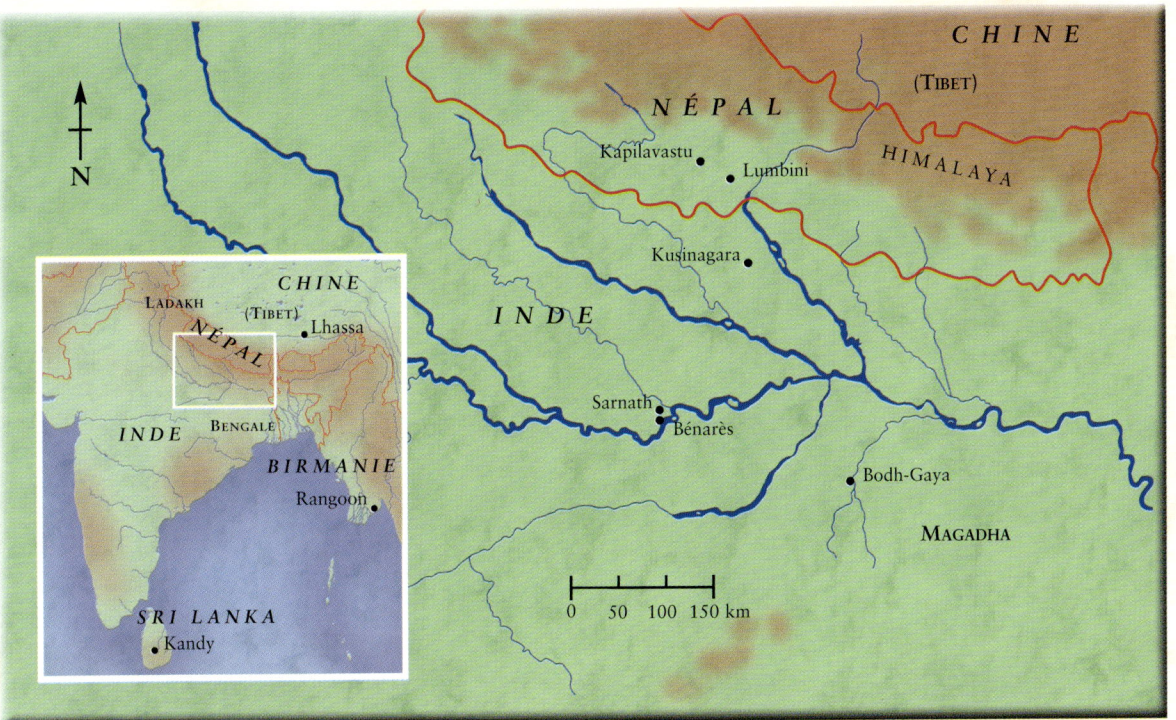

▲ Les lieux où le Bouddha a vécu et prêché se trouvent en Inde et dans l'actuel Népal. Après sa mort, le bouddhisme se répandit au Sri Lanka, en Chine, en Birmanie, et dans d'autres pays de l'Est asiatique.

Les moines, beaucoup de nobles et de rois, s'étaient rassemblés pour attendre le Bouddha dans le bois de Sala, en dehors de la ville. Tous étaient tristes à la pensée que leur chef spirituel allait mourir.

Le Bouddha se baigna dans la rivière et revêtit ses plus beaux habits, comme s'il se préparait pour une fête ou une occasion spéciale. Puis, il demanda à tous ses moines de s'assembler autour de lui pendant qu'il se préparait pour son dernier sermon. Durant plusieurs heures, le vieux Bouddha prêcha inlassablement. Il termina par ces mots : « Je vais vous quitter. Si vous avez des doutes sur le *dharma*, posez-moi vos questions maintenant, pour éviter que la controverse et la dispute ne vous séparent plus tard. » Tous les moines jurèrent qu'ils n'avaient aucun doute.

Le Bouddha bénit l'assemblée, s'étendit sur un lit, la tête au nord, et mourut paisiblement. Les fidèles le regardaient en pleurant. Certains récits disent qu'au moment de sa mort le ciel s'assombrit, la terre trembla et les feuilles tombèrent des arbres. Quoi qu'il en soit, le Bouddha s'éteignit et des disciples allaient suivre sa voie, inspirés par sa vie et son enseignement.

Les enseignements du Bouddha

Le dharma

Le *dharma*, enseigné par le Bouddha, est la vérité universelle commune à tous les êtres. C'est un refuge qui libère les êtres de la souffrance, de la maladie et de la mort inhérentes à l'existence. Le symbole du *dharma* est la roue qui tourne sur elle-même.

▲ Ces moines tibétains disposent de tout ce dont ils ont besoin : de simples robes et un repas quotidien qu'ils partagent à l'ombre des arbres.

La voie moyenne

Le Bouddha avait expérimenté le luxe et l'austérité : il avait été prince riche, puis ascète. Il avait compris que ces deux extrêmes ne conduisent pas à l'éveil. C'est en parcourant une voie moyenne – manger sobrement, porter des habits simples et faire le nécessaire pour survivre – qu'il saisit la véritable nature des choses, le *dharma*, et parvint finalement à l'éveil.

Qu'est-ce que la voie moyenne ?

Pour enseigner, le Bouddha utilisait souvent des énigmes ou donnait des exemples sur lesquels ses disciples devaient réfléchir. Si on lui demandait : « Qu'est-ce que la voie moyenne ? », il expliquait que c'était comme :

> Une lampe pour ceux qui sont dans l'obscurité
> Une mère pour ses enfants
> Une barque pour ceux qui ont besoin d'un bateau
> Un feu pour chauffer ceux qui ont froid
> Un vêtement pour ceux qui sont nus.

Ces images décrivent l'éveil comme la source du vrai bonheur, le meilleur remède à la souffrance et la seule réponse à la convoitise humaine.

La vie bouddhique fondée sur ce précepte est simple. Lors d'une fête, les bouddhistes ne font pas de festin et ils ne jeûnent pas, mais partagent ensemble un repas frugal. Ils ne s'habillent pas avec des vêtements chers et sophistiqués, mais portent des habits simples et pratiques. Les moines revêtent des robes rudimentaires.

LES DEUX EXTRÊMES DE LA VOIE MOYENNE

« Il faut éviter deux extrêmes : s'adonner aux passions et au luxe, qui sont bas, indignes, vulgaires et inutiles ; et s'adonner aux mortifications, qui sont pénibles, indignes et inutiles. En évitant ces deux extrêmes, le Bouddha est parvenu à l'éveil. »

Le Dharmapada

Une famille bouddhiste du Sud-Est asiatique partage sa nourriture avec des nonnes. Cela constituera le repas du jour. ▶

Les quatre Nobles Vérités

La voie moyenne, fondée sur les quatre Nobles Vérités, s'accomplit en suivant la Voie aux Huit Étapes. Quand le Bouddha parvint à l'éveil sous l'arbre *bodhi*, les quatre Nobles Vérités, qui expliquent la nature de la souffrance, lui furent révélées.

1 La vie est souffrance

Quand le jeune prince Siddharta effectua ses sorties du palais, il découvrit que tout est souffrance en ce monde : la vieillesse, la maladie, la mort. Il vit le vieil homme qui boitait, le malade au comble de la douleur et les lamentations des parents qui pleuraient leur cher défunt. Cela fit comprendre à Siddharta que le bonheur est éphémère et que tout le monde souffre un jour.

▲ Le Bouddha médita pendant trois nuits sous l'arbre *bodhi*, un figuier pipal. Une bouture de l'arbre originel du Bouddha a donné l'arbre de cette photo.

2 La cause de la souffrance est le désir

La souffrance est causée par le désir des plaisirs, des biens et même celui d'exister. Le désir entraîne l'ignorance, l'avidité et la haine. Il fait tourner la roue de la vie, nous enchaîne au cycle sans fin des réincarnations et nous éloigne de l'éveil.

3 La souffrance peut être surmontée

La suppression de la souffrance s'obtient par la victoire sur le désir, par le renoncement et le détachement. Pour vaincre le désir, il faut prendre conscience de la souffrance qu'il cause.

◀ Cette vieille femme accepte toute la souffrance que peut lui apporter son grand âge en faisant une offrande au Bouddha.

Les enseignements du Bouddha

Il est alors possible de s'en détacher facilement. Par exemple, si un médecin dit à un fumeur que son habitude le tuera avant la fin de l'année, celui-ci pourra plus facilement renoncer à fumer.

4 Le moyen d'y parvenir est de suivre la Voie aux Huit Étapes

Pour arrêter de souffrir, il faut suivre la Voie aux Huit Étapes, un chemin entre le désir – et les envies égoïstes qui en dérivent – et une ascèse qui se contente de torturer le corps.

Dans nombre de pays bouddhistes, des enfants deviennent moines et nonnes. Ils consacreront leur vie à étudier et à suivre la Voie aux Huit Étapes. ▶

LA VÉRITÉ SUR LA SOUFFRANCE

Voici, ô moine, la vérité sur la souffrance. La mort est souffrance. La présence de ce que nous détestons est souffrance. La séparation de ce que nous aimons est souffrance. Ne pas posséder ce que nous désirons est souffrance. S'attacher à la vie est souffrance. L'existence est souffrance.

Vinaya-pitaka

La Voie aux Huit Étapes

C'est le chemin enseigné par le Bouddha pour supprimer la souffrance, la dernière des quatre Nobles Vérités. La Voie aux Huit Étapes est symbolisée par une roue avec huit rayons indissociables qui font partie d'un tout. Elle indique aux bouddhistes comment surmonter l'avidité et la haine qui conduisent à la souffrance, et à vivre mieux en développant leurs contraires : le détachement et l'amour.

1 Des croyances justes
Il faut croire et comprendre les quatre Nobles Vérités. Sinon, il est impossible de se comprendre soi-même, de comprendre les autres et l'univers dans lequel nous vivons.

2 Une volonté juste
Il faut maîtriser notre volonté pour éloigner tout désir.

Ce moine bouddhiste thaïlandais prie sous une statue géante du Bouddha. Il consacre son temps à tenter de suivre la Voie aux Huit Étapes. ▼

3 Une parole juste

Nos paroles révèlent notre véritable caractère aux autres. Elles peuvent blesser les personnes. Il faut s'assurer que tout ce que nous disons est réfléchi, vrai et plein de bonté. On doit penser à l'effet de nos mots avant de les prononcer.

4 Des actes justes

Il faut être bon envers les autres et envers tous les êtres vivants. Chaque acte que nous accomplissons a des conséquences positives ou négatives. Nous devons donc nous efforcer d'agir au mieux et de suivre les cinq Préceptes (voir page 22).

▲ Des offrandes de fleurs sur un autel bouddhique, au Sri Lanka. Cette femme bouddhiste s'efforcera de placer les enseignements du Bouddha au centre de sa vie, par des pensées et des actes justes.

En général, les bouddhistes montrent de la bonté envers tous les êtres vivants : ils ne tuent aucun animal et sont végétariens. Les bouddhistes se soucient de l'environnement afin qu'aucune vie ne soit menacée par leurs actions.

5 Une façon de vivre juste

Le choix d'un travail est important. Un métier doit permettre d'accomplir des actes justes, de respecter autrui et tous les êtres vivants. Beaucoup de bouddhistes seraient incapables d'être soldats et de tuer des gens. De même, ils ne pourraient être éleveurs, pêcheurs ou bouchers, puisque ces métiers supposent de tuer des animaux.

6 Des efforts justes
Nos efforts doivent tendre à bannir toute pensée qui pourrait susciter la haine, l'avidité ou l'ignorance. Il faut développer un comportement bon, généreux et sage.

7 Une pensée juste
Notre pensée ne doit pas se laisser entraîner par nos impulsions ni nos désirs. Les bouddhistes s'imposent une grande autodiscipline pour atteindre ce but.

8 Une juste méditation
Méditer permet de suivre la Voie aux Huit Étapes. La méditation est importante pour les bouddhistes (voir pages 24-25). Elle les aide à contrôler leurs pensées et leurs émotions et à développer leur esprit. L'aboutissement et le couronnement de sa pratique est l'éveil.

Les bouddhistes suivent la Voie aux Huit Étapes pour deux raisons. D'abord, cela leur procure un sentiment de paix en leur permettant de se libérer de leurs désirs, ici et maintenant. Ensuite, c'est le meilleur moyen de suivre la voie qui conduit à l'éveil.

Le visage serein de ces nonnes en prière montre qu'elles vivent paisiblement. Elles sont en paix avec elles-mêmes. ▼

Les enseignements du Bouddha

▲ Les moines bouddhistes pratiquent la méditation assis en tailleur. Ils prient aussi en psalmodiant des phrases ou des passages des écritures bouddhiques.

LA ROUE DU DHARMA

Cette roue à huit rayons, symbole du bouddhisme, représente la vraie voie et ses huit étapes. Pour les bouddhistes, toute personne qui suit la Voie aux Huit Étapes vivra un bonheur plus grand, qu'elle soit bouddhiste ou non. Pour atteindre l'éveil, un bouddhiste suit cette voie qui couvre tous les aspects de la vie. Elle est complète, comme un cercle.

Le frontispice du temple de Jokhang à Lhassa, au Tibet, est richement orné d'une roue en or, la roue du dharma, avec les rayons de la Voie aux Huit Étapes. Le moyeu de la roue, où ils se rencontrent, symbolise ◀ le *nirvana*.

La communauté bouddhiste

La sangha
Le Bouddha comprit que, si les gens devaient suivre la Voie aux Huit Étapes, mieux valait qu'ils aient le soutien d'une communauté bouddhiste, appelée la *sangha*, un groupe de personnes menant une vie dirigée par les mêmes principes. Il détailla la façon dont les laïcs et les moines de la communauté devaient se comporter et comment ils devaient s'entraider.

Au Sri Lanka, les laïcs de la *sangha* procurent aux moines ce dont ils ont besoin tous les jours : nourriture, nouvelles robes, pots et papier pour écrire. ▼

Les cinq Préceptes
Le Bouddha indiqua à ses disciples les cinq Préceptes qui font partie de la Voie aux Huit Étapes et qui prohibent vigoureusement de tuer, voler, commettre l'adultère, mentir, consommer de l'alcool ou des drogues.

La vie des bouddhistes laïcs
Les laïcs sont encouragés à s'occuper de leurs parents, à respecter leurs aînés, à donner des aumônes généreuses aux moines et aux nonnes en subvenant à leurs besoins. Le Bouddha enseigna qu'il était possible aux laïcs, comme aux moines, de parvenir à l'éveil.

La vie des moines et des nonnes

Le Bouddha considérait que la vie monastique était le meilleur moyen de suivre la Voie aux Huit Étapes et d'atteindre l'éveil. Il ne demandait pas à ses moines de jeûner ni de se couper du monde ; il les considérait comme des membres de la *sangha*, la communauté bouddhiste. Les moines et les nonnes devaient porter des robes safran pour montrer qu'ils étaient différents des laïcs. Ils devaient mener une vie affranchie du désir. Pour y parvenir, ils étaient soutenus par les laïcs qui subvenaient à leurs besoins quotidiens. Les moines étaient aussi libres de méditer, d'étudier et d'enseigner. Les moines et les nonnes bouddhistes doivent respecter de nombreuses règles dans leur vie quotidienne, règles qui s'appuient sur les cinq Préceptes.

▲ En Birmanie, les laïcs visitent un temple bouddhique pour prier, méditer et centrer leur vie sur le *dharma*.

▼ Les moines bouddhistes de l'Inde et du Sud-Est asiatique portent des robes safran (orangées), comme celle du Bouddha. Les robes des moines tibétains sont de couleur bordeaux et celles des moines zen japonais noires.

Le triple refuge

Voici ce que récitent tous les bouddhistes lorsqu'ils commencent leurs dévotions. Ce serment fut prononcé par les cinq compagnons du Bouddha après son premier sermon à Sarnath. Le Bouddha, le *dharma* et la *sangha* sont aussi connus comme les « trois joyaux ».

Je me réfugie en Bouddha
Je me réfugie dans le dharma
Je me réfugie dans la sangha.

La méditation

La méditation est une pratique importante du bouddhisme. Elle permit au Bouddha de parvenir à l'éveil. Grâce à elle, il fut capable de se purifier l'esprit et de voir la vérité sur l'existence et la souffrance. Certaines légendes racontent aussi que le Bouddha méditait dans sa jeunesse au palais, bien avant son « grand renoncement ». Il aurait médité un jour à l'ombre d'un arbre et il atteignit un état de calme tel qu'il s'en serait souvenu pendant le reste de sa vie.

Libérer l'esprit de ses passions

La méditation est une technique pour devenir calme et positif. Méditer consiste à se concentrer pour permettre à l'esprit de se libérer de ses passions. Pour être positif et se sentir en paix avec soi-même, il faut consacrer sa vie au Bien et suivre la Voie aux Huit Étapes du Bouddha.

Pour méditer, il est important d'être à l'aise. L'essentiel est de libérer l'esprit des pensées parasites. Se demander quelle est la façon convenable de s'asseoir est une pensée parasite qui n'aide pas à purifier l'esprit.

Des bouddhistes européens pratiquent la méditation, assis en tailleur, dans la position du lotus, et dans un lieu calme. ▼

Les enseignements du Bouddha

UN AUTEL BOUDDHIQUE TIBÉTAIN

Les bouddhistes tibétains méditent habituellement devant un autel. Auparavant, ils placent sur cet autel huit objets qui représentent l'offrande de leurs cinq sens et de leur esprit au Bouddha, afin d'avoir la concentration juste pour méditer. Ces objets sont :

- Deux jarres d'eau pour honorer le Bouddha : une pour lui laver les pieds, et une autre pour le désaltérer.
- Des fleurs pour la beauté et le sens de la vue.
- De l'encens pour l'odorat.
- Du parfum pour l'odorat.
- Une lumière pour la compréhension.
- De la nourriture pour le goût.
- Un coquillage pour l'ouïe.

Se sentir libre

Quand les bouddhistes se sentent calmes et à l'aise, lorsque leur esprit est libéré des pensées parasites, ils peuvent méditer. Pour eux, le mot « esprit » désigne le cœur aussi bien que la tête. Les bouddhistes disent que lorsqu'une personne a la tête vidée des pensées et des soucis de la vie quotidienne, elle ressent une forme de liberté intérieure : c'est la méditation. Les bouddhistes méditent en commun ou seuls. Ils peuvent se concentrer sur un objet ou une sensation : par exemple une fleur, une image du Bouddha ou leur respiration. Les bouddhistes japonais zen méditent sur une énigme pour aider l'esprit à se purifier et atteindre cet état de liberté.

▲ Un autel tibétain typique avec des offrandes et, sur le côté gauche, des rubans à prières.

Les textes sacrés

Des sermons aux écrits

Le Bouddha était un enseignant inspiré. Pour instruire ses disciples, il utilisait des sermons, des histoires ; il leur proposait des recherches, parlait par énigmes et leur indiquait des règles claires et pratiques à suivre. Il n'écrivait rien. Le cousin du Bouddha, Ananda, mémorisait tous ses enseignements et pouvait ensuite les réciter aux autres.

▲ Le Bouddha influença beaucoup de destinées par ses enseignements. Il prononce ici son premier sermon devant ses cinq premiers compagnons. Ceux-ci l'avaient d'abord rejeté, mais après ce sermon, ils devinrent ses disciples.

Après la mort du Bouddha, ses disciples tinrent un concile. Les moines les plus anciens écoutèrent les enseignements et les règles qu'ils croyaient avoir été prononcés par le Bouddha. Ils s'accordèrent sur une version qui fut apprise par cœur. C'est ainsi que les enseignements du Bouddha furent transmis, de façon orale, pendant des centaines d'années. Finalement, au premier siècle av. J.-C., cet enseignement et ces règles furent notés sur des bandes de feuilles de palmier dans une langue appelée « pali ». Ces écrits sont connus sous le nom de « canon pali ». Ils furent rédigés dans l'actuel Sri Lanka, alors centre du monde bouddhiste. Le bouddhisme se répandit dans l'Est et le canon pali voyagea avec les moines et les marchands qui emportaient le message du Bouddha dans leurs périples.

Le canon pali

Beaucoup de bouddhistes étudient le canon pali et considèrent que c'est un compte rendu fidèle des enseignements du Bouddha.

Le canon pali est divisé en trois parties, les *tripitaka*, ce qui signifie « trois corbeilles ». Les manuscrits en feuilles de palmier furent en effet conservés dans trois corbeilles tissées. Les enseignements du Bouddha, transmis de génération en génération, étaient comme les corbeilles de matériaux que les constructeurs se passaient de main en main.

Aujourd'hui, les livres qui forment le canon pali ont été traduits en de nombreuses langues. Néanmoins, beaucoup de bouddhistes jugent important d'apprendre le pali pour lire les écritures bouddhiques dans leur langue originelle.

Le canon pali n'est pas le seul recueil d'écritures bouddhiques. Avec l'expansion du bouddhisme, de nouveaux textes donnèrent des versions différentes des enseignements du Bouddha pour y intégrer diverses écoles de pensées bouddhiques et des traditions locales. Ces textes sont écrits en plusieurs langues, comme le chinois, le japonais et le tibétain.

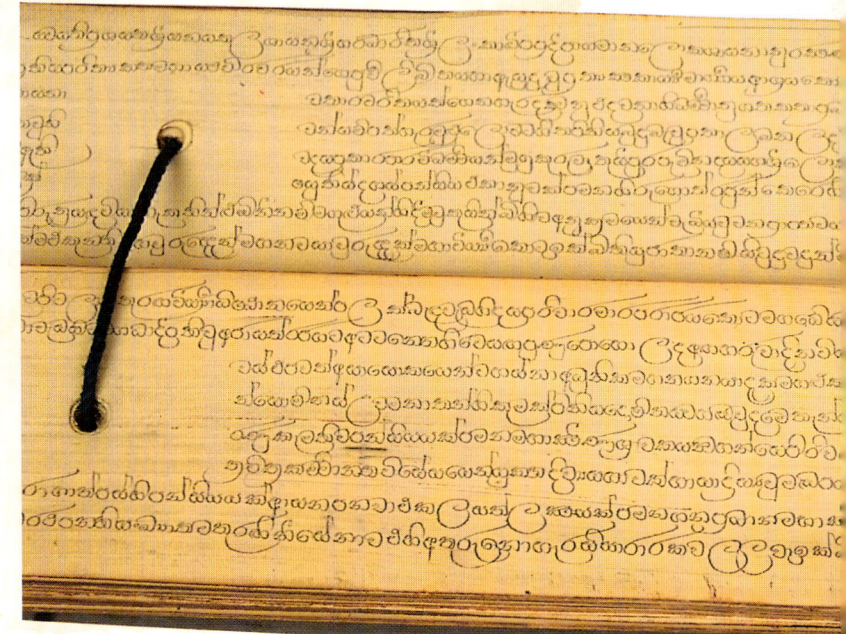

Un livre pali écrit sur des bandes de feuilles de palmier. ▼

LA LANGUE PALI

Le pali est une langue ancienne du Sri Lanka et de certaines régions de l'Inde. C'était sans doute un dialecte dérivé du sanskrit, la plus vieille langue de l'Inde. Le dialecte pali était parlé à Magadha, près du Bengale actuel. C'est à Magadha que le concile se rassembla pour fixer une version des enseignements du Bouddha. Les mots palis et sanskrits sont très proches : le mot pali *dhamma* vient du sanskrit *dharma* et *nibbana* en pali vient de *nirvana* en sanskrit.

Le *Vinaya-pitaka*

Le premier livre du canon pali s'appelle le *Vinaya-pitaka*, la « corbeille de la discipline » pour les religieux. Il comporte cinq volumes qui décrivent 227 règles de discipline pour les moines et 311 pour les nonnes.

◀ Le pali était écrit à l'encre sur des feuilles de palmier. Un livre se composait de nombreuses feuilles sèches attachées ensemble.

Le *Sutra-pitaka*

Le *Sutra-pitaka*, la « corbeille du discours », renferme les discours du Bouddha. Un des textes les plus célèbres est le *Dharmapada* qui explique le *dharma* du Bouddha : les quatre Nobles Vérités et la Voie aux Huit Étapes. Il est versifié. La beauté de ce poème incite beaucoup de bouddhistes à l'apprendre par cœur, bien qu'il compte 423 vers.

Les textes sacrés 29

L'Abhidharma-pitaka
L'*Abhidharma-pitaka*, la « corbeille de la doctrine spéciale », contient une version plus avancée des enseignements donnés dans le *Sutra-pitaka*.

Les textes sacrés tardifs
Le canon pali est le plus ancien recueil de textes bouddhiques. Avec l'expansion du bouddhisme et la fondation de diverses sectes, d'autres écrits sur le Bouddha et ses enseignements virent le jour. Beaucoup de textes bouddhiques racontent aussi les enseignements et l'histoire de disciples qui suivirent la voie du Bouddha et parvinrent eux-mêmes à l'éveil. L'un des plus célèbres, le *Vimalakirti-sutra*, parle d'un laïc nommé Vimalakirti qui aurait atteint l'éveil.

▲ Les *vihara*, ou monastères bouddhiques, ne sont pas uniquement des lieux où sont conservés des volumes anciens de textes bouddhiques : les moines y pratiquent toujours l'art de la copie en pali sur feuilles de palmier.

LE LIVRE TIBÉTAIN DES MORTS

C'est un des exemples les plus intéressants des textes bouddhiques tardifs. Ce manuel de conseils doit être lu à une personne récemment décédée pour la guider dans l'état confus qui sépare la mort de la réincarnation suivante. Si elle écoute et suit ces conseils, elle pourra atteindre l'éveil et échapper au cycle des naissances.

Les bouddhistes tibétains croient que beaucoup d'écrits ont été dissimulés jusqu'à ce que la *sangha* soit prête à les lire et à les comprendre. Beaucoup de ces textes cachés de l'enseignement du Bouddha et d'autres maîtres bouddhistes tibétains ont été retrouvés au fil du temps. On en découvre encore aujourd'hui.

Les lieux sacrés

Les lieux de pèlerinage

Quand le Bouddha se sentit mourir, il indiqua à ses disciples où ils devraient aller en pèlerinage, en mémoire de ses enseignements. Il désigna les quatre lieux immuables : Lumbini, où il était né ; Bodh-Gaya, où il avait atteint l'éveil ; Sarnath, où il avait prononcé son premier sermon ; et Kusinagara où il était en train de mourir.

▲ Les bouddhistes du Ladakh, au nord de l'Inde, n'ont aucun moyen de transport. Pour visiter le monastère local *(gompa)*, le pèlerinage suppose un voyage de plusieurs jours.

Mais la mort du Bouddha fut à l'origine de dix autres lieux de pèlerinage, en raison des divergences à propos de l'endroit de sa sépulture. Quand le Bouddha eut été incinéré, ses os étaient intacts. Cela inspira à un vieux moine un moyen de régler le conflit sur le lieu d'enterrement du Bouddha. Selon la suggestion du moine, les os du Bouddha furent divisés en huit parties et enterrés en huit lieux distincts ; avec ses cendres et l'urne qui les contenait, cela faisait dix reliques.

Les stupas

Les reliques du Bouddha furent placées dans des coffrets eux-même enfermés dans des monuments funéraires en forme de dôme, les stupas. Au fil des ans, leur nombre se multiplia.

Aujourd'hui, de nombreux avis divergent au sujet de la localisation de ces dix premiers stupas et sur l'authenticité des reliques du Bouddha.

Avec l'expansion du bouddhisme, les reliques furent de nouveau divisées pour créer d'autres stupas. Par exemple, selon la tradition, une dent du Bouddha aurait été retirée du stupa de Sarnath, puis transportée à Kandy, au Sri Lanka, quand le bouddhisme s'y diffusa. L'empereur bouddhiste indien Asoka aurait construit, dit-on, plus de 84 000 stupas ! La plupart contiendraient une relique du Bouddha.

Partout où le bouddhisme se répandit, le besoin de nouveaux lieux de pèlerinage se fit sentir. Des stupas furent élevés pour renfermer non seulement les reliques du Bouddha, mais aussi celles d'autres maîtres parvenus à l'éveil. Certains stupas contiendraient des textes sacrés.

Le monument de Barabudur, à Java, est l'un des hauts lieux de pèlerinage bouddhiques, en dehors de l'Inde et du Sri Lanka. La colline est couronnée par un grand stupa. Pour y parvenir, il faut parcourir quatre terrasses carrées, puis trois terrasses circulaires concentriques portant 72 petits stupas dont chacun abrite une statue du Bouddha. Les pèlerins s'arrêtent pour embrasser les mains et les pieds de toutes ces statues. Le trajet jusqu'au stupa principal symbolise le voyage de l'âme vers le nirvana et, le long du chemin, des bas-reliefs illustrent la vie du Bouddha et son parcours vers l'éveil.

De nombreux bouddhistes croient que des reliques du Bouddha sont enterrées dans la colline, sous le stupa principal de Barabudur, à Java. ▼

Le stupa de Sarnath

Sarnath, où le Bouddha prononça son premier sermon, se trouve à la périphérie de Bénarès, au nord de l'Inde. À l'époque du Bouddha, c'était un bois paisible où vivaient des sages. Dans les siècles qui suivirent la mort du Bouddha, ce site devint l'un des centres bouddhiques les plus importants de l'Inde. Un *vihara*, assez vaste pour abriter 1500 moines, y fut construit en 640. Le stupa, qui couvrait les reliques du Bouddha, fut agrandi à six reprises et d'autres stupas furent érigés.

▲ Au IXe siècle, le site de Sarnath fut abandonné, puis les musulmans qui envahirent l'Inde le détruisirent. Il n'en reste aujourd'hui que des ruines. Sarnath est devenu un parc avec des cerfs. C'est un lieu paisible où les visiteurs peuvent prier et méditer.

Lumbini et Kapilavastu

Le bois de Lumbini, où la reine Maya donna naissance au Bouddha, et Kapilavastu, où se trouvait le palais de son père, sont aujourd'hui au Népal.
La visite de ces deux sites procure un sentiment de paix. Les envahisseurs musulmans les ont détruits tous les deux et il n'en reste que des ruines. À Lumbini, les pèlerins se promènent tranquillement entre les arbres *bodhi*, se rendent à la mare sacrée où la reine se baigna avant d'accoucher et contemplent l'arbre qui l'abrita pendant son travail.

Non loin se trouvent les restes d'un pilier érigé par l'empereur Asoka, un puissant souverain indien du IIIe siècle av. J.-C., quand il y vint en pèlerinage. On y trouve aussi des ruines de stupa et de *vihara*.

Tout près de Lumbini se dressent les ruines de Kapilavastu. Les archéologues y ont découvert un palais avec des douves et des portes impressionnantes. Quand on les contemple, il est facile d'imaginer le jeune prince enfermé, à l'abri du monde et de la souffrance, mais finalement désireux de partir en quête de l'éveil.

Le gouvernement népalais prévoit de faire de ces deux sites des centres touristiques importants. S'il réalise ce projet, il est difficile de savoir si les pèlerins pourront toujours visiter ces lieux dans la paix et la vénération, comme c'est le cas aujourd'hui.

L'endroit où un adepte fervent peut dire : « Ici, le Bouddha a mis en mouvement la roue du dharma » est un lieu à visiter avec vénération.

Mahaparinirvana-sutra

Les restes du bois de Lumbini. Au premier plan se trouve la mare sacrée et derrière, au centre, le pilier de l'empereur Asoka. ▼

Les lieux sacrés à l'extérieur de l'Inde

Quand le Bouddha conseilla à ses disciples de visiter les quatre lieux de pèlerinage, il n'imaginait sans doute pas que le bouddhisme se diffuserait dans le monde entier et que nombre de ses adeptes ne pourraient jamais se rendre sur ces sites. Des lieux de pèlerinage ont été établis dans tous les pays où le bouddhisme s'est diffusé. Beaucoup prétendent abriter des reliques du Bouddha, tandis que d'autres sont très importants pour les sectes bouddhistes locales.

La pagode Shwedagon en Birmanie

Le bouddhisme gagna la Birmanie, en Asie du Sud-Est, pour y devenir la religion principale. La capitale birmane, Rangoon, abrite la pagode Shwedagon, un des sanctuaires bouddhiques les plus impressionnants du monde.

À l'extérieur du stupa principal de la pagode Shwedagon, en Birmanie, un autel est consacré au Bouddha. Il est censé porter chance. Les pèlerins prient en demandant que leurs vœux se réalisent. ▼

La pagode dresse son dôme doré au-dessus de Rangoon. Ses dimensions impressionnantes, les 64 petites pagodes qui la ceinturent, les multiples pavillons construits autour attirent les pèlerins de Birmanie et du monde entier. Ce stupa renfermerait huit cheveux du Bouddha. La pagode centrale est entièrement faite d'or et de pierres précieuses. Moines et pèlerins fervents tournent autour de la pagode sous une chaleur brûlante.

Les lieux sacrés

Le temple Ryoan-ji au Japon

C'est un temple bouddhique zen de Kyoto. Pour les bouddhistes zen, il est important de libérer l'esprit de toute distraction et de le rendre paisible pour la méditation.

Ce temple de bois est célèbre pour son jardin minéral qui invite à la méditation. Le jardin est constitué exclusivement de pierres et de gravier. Les moines zen ratissent ce jardin avec attention, disposant chaque caillou à la place convenable.

Les pèlerins qui s'assoient dans le jardin sont libérés de toutes les distractions du monde. C'est une expérience précieuse et rare pour ceux qui vivent dans l'effervescence de la société moderne.

LE THÉ ET LA MÉDITATION ZEN

Les moines offrent quelquefois du thé aux visiteurs du temple Ryoan-ji. Le thé joue un rôle important dans la vie des moines zen. Les moines méditent durant des heures. Ils se tiennent éveillés en préparant et buvant du thé selon un rituel précis qui, adopté par les laïcs, devint la cérémonie japonaise du thé, souvent appelée « méditation zen pour les laïcs ».

◀ La plupart des visiteurs des jardins du temple Ryoan-ji ressentent le calme et la sérénité des lieux. Il semble plus facile de méditer en contemplant les cailloux soigneusement ratissés.

Les fêtes et les célébrations

Le bouddhisme se distingue des autres croyances religieuses parce qu'il n'a pas un calendrier établi de fêtes. Les dates et l'objet des fêtes varient d'un pays à l'autre. Beaucoup reflètent les traditions nationales et certaines sont parfois des adaptations de fêtes existant avant le bouddhisme.

La célébration d'événements de la vie du Bouddha

Beaucoup de fêtes bouddhiques célèbrent la naissance, l'éveil et la mort du Bouddha. Ces trois fêtes sont célébrées à la pleine lune, car ces trois événements marquants de la vie du Bouddha se seraient produits à la pleine lune.

Wesak

Cette fête a lieu en Inde, au Sri Lanka et en Asie du Sud-Est. Elle célèbre la naissance, l'éveil et la mort du Bouddha que la tradition situe le même jour de l'année. En Thaïlande et en Birmanie, cette fête met l'accent sur l'éveil plutôt que sur les deux autres événements. Les adeptes allument des lumières pour célébrer l'éveil du Bouddha, son passage de l'obscurité à la lumière. En Thaïlande, des oiseaux en cage sont relâchés pour symboliser la libération des chaînes de la souffrance apportée par l'éveil. En Birmanie, les gens arrosent les arbres *bodhi*.

▲ Ceci est un *pandol*. Pour Wesak, les Sri Lankais fabriquent des *pandol* avec des structures en bambou, des dessins et des lumières pour illustrer les événements marquants de la vie du Bouddha.

Des enfants célèbrent Wesak en offrant des cadeaux à leurs parents. ▶

Dans la plupart des régions, les écritures bouddhiques sont sorties des *vihara* et leurs pages époussetées une à une.

Pendant cette fête, moines et laïcs tournent trois fois autour du *vihara* ou du temple : le premier tour pour le Bouddha, le second pour le *dharma*, le dernier pour la *sangha*.

Hana Matsuri et le jour de Parinirvana

Hana Matsuri est célébrée le 8 avril au Japon. Cette fête des fleurs commémore la naissance du Bouddha. Les cerisiers sont en fleur et tout est orné de fleurs pour représenter le bosquet où la reine Maya accoucha. Une statue géante d'un éléphant blanc est placée dans la cour des monastères. Les enfants versent du thé parfumé sur des images du Bouddha enfant, car les dieux auraient lavé le nouveau-né avec de l'eau parfumée. Il y a des stands de nourriture, des danses et des acrobaties.

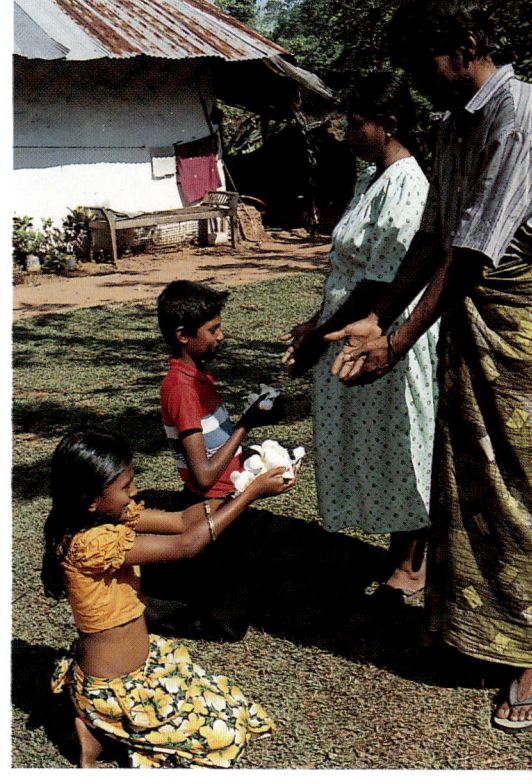

▼ Les éléphants jouent un rôle important dans des fêtes comme Hana Matsuri. La légende prétend qu'un éléphant blanc perça le flanc de la reine Maya et que le Bouddha serait sorti de son flanc.

Les bouddhistes japonais commémorent aussi la mort du Bouddha le jour de Parinirvana, le 15 février. Dans les salles de méditation, toutes les lampes sont éteintes et les bouddhistes méditent et chantent dans l'obscurité. Puis, ils rallument les lampes pour montrer que la lumière des enseignements du Bouddha continue de briller.

La fête de la retraite des pluies

Dans les pays comme le Sri Lanka, la Thaïlande, la Birmanie et l'Inde, le début de la mousson est marqué par la fête de la « retraite des pluies ». Elle porte différents noms selon les pays.

Un temps de repos

Cette fête commémore une tradition établie par le Bouddha et ses premiers disciples. Pendant la saison des pluies, ils faisaient retraite dans le *vihara*, car de nombreuses régions étaient inondées et les routes si boueuses qu'il était alors impossible de voyager. Le Bouddha et ses disciples utilisaient ce temps pour reprendre des forces spirituelles par la méditation, l'étude et la réflexion sur leur spiritualité. Ce temps était aussi consacré à apprendre et réciter les enseignements du Bouddha et à discuter leur signification avant de les écrire.

De nos jours, les moines et les nonnes font retraite, comme le Bouddha et ses disciples autrefois. Ils lisent les écritures, prient et méditent ensemble. Pendant cette retraite, beaucoup d'enfants et d'adolescents effectuent un « stage » traditionnel dans un monastère.

Pendant la retraite des pluies, des laïcs rejoignent souvent un monastère pour méditer, étudier et écouter les enseignements des moines pendant plusieurs jours. ▼

Les fêtes et les célébrations

La retraite se poursuit pendant toute la mousson, souvent jusqu'à trois mois. En Thaïlande, cette retraite commence par une longue procession d'embarcations portant de grands cierges qui brûleront durant toute sa durée.
Juste avant la fin des pluies, les moines ou les nonnes se réunissent, se confessent et se demandent pardon pour toutes leurs mauvaises actions.

De nouvelles robes et des présents

La retraite des pluies se termine par une autre fête, souvent appelée *kathina*. Pendant cette fête, la communauté laïque vient au *vihara* féliciter les moines de leur retraite et leur offre des présents. Les laïcs bouddhistes sont considérés comme méritants lorsqu'ils aident les moines et les nonnes. Riches et pauvres offrent alors des dons aux moines afin d'acquérir des mérites.

De nouvelles robes ou des tissus sont offerts aux moines qui quittent le *vihara* après leur retraite. Cette offrande fait l'objet d'une cérémonie spéciale. En Thaïlande, elle est précédée d'une course des somptueuses barques royales. De magnifiques embarcations en cire d'abeille sont ensuite réalisées ; elles ressemblent à des temples bouddhiques et flottent sur les eaux. En Birmanie, les femmes célibataires vont à la pagode Shwegadon pour confectionner la robe. Celle-ci symbolise un nouveau départ et un recommencement.

Les laïcs offrent une nouvelle robe qu'ils ont tissée pour les moines. Plus tard, le tissu blanc sera teint de la couleur safran traditionnelle au cours d'une cérémonie spéciale. ▼

La fête de la Dent

De nombreuses fêtes bouddhiques ont remplacé les fêtes qui se tenaient avant que les pays ne deviennent bouddhistes, comme par exemple la fête de la Dent à Kandy, au Sri Lanka.

La procession de l'éléphant

C'était une ancienne fête de la fertilité qui avait ses racines dans le passé prébouddhique du Sri Lanka. Elle célébrait le flux d'un pouvoir cosmique passant entre le roi et le peuple ; un mât, symbolisant ce pouvoir, était porté sur le dos d'un éléphant gris au cours d'une procession. Les éléphants symbolisaient la pluie : ils étaient gros et gris comme des nuages de pluie. Le roi Megavanna, qui régna sur l'île de 301 à 331, se convertit et imposa le bouddhisme au Sri Lanka. Il décréta que la dent sacrée du Bouddha remplacerait le mât pendant le défilé autour de la ville et que chacun devrait lui rendre hommage.

Les bouddhistes et les hindous célèbrent ensemble la fête de la Dent, à Kandy. Ils jettent des fleurs devant les éléphants, soufflent dans des conques et crient le plus fort possible. ▼

LA DENT DU BOUDDHA

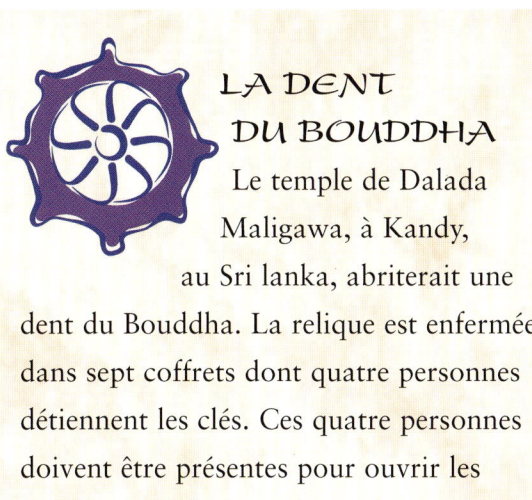

Le temple de Dalada Maligawa, à Kandy, au Sri lanka, abriterait une dent du Bouddha. La relique est enfermée dans sept coffrets dont quatre personnes détiennent les clés. Ces quatre personnes doivent être présentes pour ouvrir les coffrets. La Dent aurait une hauteur de 7,5 cm, serait en ivoire décoloré et ne ressemblerait pas à une dent humaine !

▲ Des défenses d'éléphant sont exposées de chaque côté de la chambre de la Dent sacrée. Les éléphants sont toujours considérés comme sacrés au Sri Lanka : ils sont censés amener la pluie.

La dent du Bouddha symbolisait ainsi le pouvoir du roi bouddhiste.

Cette fête, fixée à la pleine lune de la fin juillet, dure deux semaines. C'est l'une des fêtes asiatiques les plus extravagantes. La dent du Bouddha est exposée dans un stupa miniature et portée en procession autour de la ville sur un éléphant recouvert d'un manteau brodé, bordé de petites ampoules électriques. Des centaines d'autres éléphants, richement parés eux aussi, le suivent.

Une fête de l'unité

Depuis le XVIIIe siècle, des images des divinités locales hindoues suivent la procession de la Dent sacrée. Les hindous se joignent aux bouddhistes pour cette fête : selon eux, le Bouddha était une incarnation du dieu hindou Vishnou.

Au Sri Lanka, des bouddhistes et des hindous cohabitent. Cette fête les unit mieux que la politique.

Les célébrations des autres bouddhas et des maîtres bouddhistes

C'était le plus grand vœu du Bouddha que d'autres suivent ses enseignements et parviennent à l'éveil. Ce vœu fut accompli par des bouddhistes du monde entier. Certains bouddhistes devinrent de grands maîtres et des fêtes commémorent leur éveil.

L'anniversaire du gourou Rimpotché

Une fête commémore la naissance du fondateur du bouddhisme tibétain, le gourou Rimpotché. La méditation étant la clé de son enseignement, cette fête met donc l'accent sur celle-ci. Les fidèles font route jusqu'au *vihara* pour prier, chanter et méditer avec les moines. Beaucoup d'entre eux habitent loin du monastère et doivent effectuer un voyage de plusieurs jours pour s'y rendre.

Au Tibet, dans les temples et les salles de pèlerinage, des représentations du gourou Rimpotché permettent aux fidèles de se concentrer pour méditer. ▼

Les fêtes et les célébrations

La fête commence dans une salle où les pèlerins trouvent des cierges, de l'encens et des lampes allumées. Chacun apporte des objets (aliments, fleurs, parfum, eau et lampes allumées) qui représentent les offrandes de leurs cinq sens au Bouddha. Puis les fidèles se mettent à chanter de plus en plus fort. Leurs chants leur permettent de se vider l'esprit pour atteindre un état supérieur de méditation.

Pour les bouddhistes tibétains, cet état de méditation permet d'atteindre la sagesse et la compassion pour vivre selon le *dharma*. Le gourou Rimpotché enseignait que, pour bien méditer, il fallait se fixer sur une représentation du Bouddha ou sur une autre image. Pendant la méditation de cet anniversaire, les fidèles se concentrent sur des représentations du gourou Rimpotché qui figurent dans la salle. La cérémonie se termine par un repas en commun où les fidèles se partagent la nourriture apportée en offrande.

Le gourou Rimpotché fut l'un des premiers bouddhistes à braver les dangers d'un voyage dans l'Himalaya, de l'Inde au Tibet, pour y propager le bouddhisme. Beaucoup de moines et de maîtres avaient déjà péri sur ce trajet, morts de froid ou tués par des animaux ou des bandits. Rimpotché survécut au froid en entourant sa robe de couvertures. Il ne fut attaqué ni par les animaux ni par les bandits. Beaucoup disent que ceux-ci l'avaient reconnu comme un saint homme. Son nom était Padma Sambhava mais les Tibétains le nommèrent gourou Rimpotché, ce qui signifie « maître inestimable ». C'était assurément un grand maître.

Le bouddhisme aujourd'hui

Aujourd'hui, on dénombre 400 à 500 millions de bouddhistes dans le monde ; la majorité d'entre eux vit en Asie.

Le bouddhisme en Inde

Après les enseignements du Bouddha, le bouddhisme se répandit dans le Nord de l'Inde. Au IIIe siècle av. J-C., le puissant empereur indien Asoka se convertit. Il fonda un empire bouddhiste avec une loi s'appuyant sur le *dharma*. Il interdit même de tuer les animaux. Dans toute l'Inde, il fit bâtir des stupas, des *vihara* et des monuments. Il envoya des missionnaires à l'extérieur de l'Inde, au Sri Lanka et en Birmanie. Son règne fut l'âge d'or du bouddhisme en Inde.

Le bouddhisme se propagea en Inde jusqu'au VIIIe siècle. Il était populaire chez les pauvres parce qu'il prônait l'égalité et le rejet de la souffrance. Pourtant, beaucoup d'Indiens restaient fidèles à l'hindouisme. Quand les musulmans envahirent l'Inde au IXe siècle, les temples bouddhiques furent détruits et le bouddhisme perdit de son importance.

L'expansion du bouddhisme

Le bouddhisme se développa à l'extérieur de l'Inde. Les missionnaires d'Asoka firent de Sri Lanka son centre principal. Le canon pali y fut rédigé. Les moines et les commerçants qui s'y arrêtaient répandirent la doctrine dans toute l'Asie. Le bouddhisme gagna le Sud-Est, jusqu'au Vietnam, la Thaïlande et la Birmanie actuelles. Les moines et les commerçants qui traversaient l'Himalaya diffusèrent le bouddhisme dans le Nord, au Tibet, en Chine et au Japon.

▲ Les moines qui propagèrent le bouddhisme dans d'autres pays étaient habillés comme ce moine d'aujourd'hui. Beaucoup moururent de froid, seulement vêtus de leur robe safran, ou furent tués par des bandits.

Le bouddhisme menacé

Aujourd'hui, le bouddhisme est menacé par le communisme en Chine, au Tibet et au Vietnam. Les moines et les nonnes sont persécutés et beaucoup, dont le dalaï-lama (le chef spirituel des bouddhistes tibétains), ont fui. Le *dharma* interdit aux bouddhistes de se battre, aussi résistèrent-ils aux communistes par des manifestations pacifiques. Des moines se sont immolés par le feu pour protester.

Le bouddhisme en Occident

Au siècle dernier, le bouddhisme a atteint les États-Unis et l'Europe. Beaucoup d'Occidentaux se tournent vers le bouddhisme pour chercher un remède au stress. Certaines sectes bouddhistes ont présenté leur doctrine comme un mode de vie occidental, prônant des incantations pour obtenir des biens matériels ou des succès professionnels.

Pour ceux qui ne veulent pas adorer un dieu, mais qui ressentent le besoin de bien vivre, le message du Bouddha est souvent une réponse. Les quatre Nobles Vérités et le *dharma* conviennent au monde moderne comme ils convenaient à celui du Bouddha quand il commença à les prêcher après son éveil.

▲ Une nonne tibétaine en prière. Elle tient une photo du dalaï-lama qui encourage les moines et les nonnes à garder leur foi malgré les persécutions communistes au Tibet. Il sensibilise le public occidental aux problèmes des bouddhistes tibétains.

Beaucoup d'Occidentaux se rendent en Inde, au Sri Lanka ou en Thaïlande, pour y approfondir leur connaissance du bouddhisme. ▶

Glossaire

archéologue : une personne qui étudie l'histoire des peuples en fouillant des sites anciens et en examinant des vestiges.

ascète : une personne qui s'impose un mode de vie très austère.

autel : un endroit sacré sur lequel est placée parfois une statue religieuse.

***bodhi* :** mot signifiant « éveil ».

bouddha : ce mot signifie « éveillé ». C'est le nom donné à Siddharta Gautama, le Bouddha originel, puis aux autres personnes parvenues à l'éveil.

bouddhisme tibétain : une école du bouddhisme pratiqué au Tibet et au Ladakh au nord-est de l'Inde.

bouddhisme zen : une école japonaise du bouddhisme.

canon : un ensemble de livres sacrés qui sont censés être incontestables.

canon pali : les textes bouddhiques en langue pali, qui sont aussi appelés les *tripitaka*, les « trois corbeilles ».

cinq Préceptes : les cinq règles que les bouddhistes respectent.

crémation : l'action de brûler les cadavres.

devin : une personne qui prétend être capable de prévoir l'avenir.

***dharma* :** mot sanskrit signifiant « loi ». Le *dharma* bouddhique est la loi morale universelle, la doctrine du Bouddha, la Voie aux Huit Étapes.

dialecte : un type de langue qui appartient à une région ou à un groupe particulier de personnes.

éveil : dans le bouddhisme, l'état d'éveil est la sérénité absolue, dénuée des trois passions qui mènent à la souffrance : l'avidité, la haine et l'ignorance. Atteindre l'éveil, c'est être libéré du cycle des morts et des réincarnations.

gourou : un maître spirituel.

hindou : un adepte de l'hindouisme, la plus vieille croyance du monde, originaire de l'Inde.

laïc : une personne qui n'a pas prononcé de vœux sacrés pour devenir prêtre ou religieux.

lama : un enseignant et maître spirituel du bouddhisme tibétain.

méditation : une concentration de l'esprit sur un sujet spirituel ou philosophique. Pour les bouddhistes, la méditation amène à l'éveil.

nirvana : ce mot, qui signifie « évasion de la douleur », est utilisé pour décrire l'éveil.

pali : une langue ancienne de l'Inde. Les textes sacrés bouddhiques ont été écrits en pali.

pagode : un temple d'Extrême-Orient.

pèlerinage : un voyage sur un lieu sacré pour des raisons religieuses.

prêcher : enseigner une doctrine, faire des sermons.

psalmodier : réciter d'une manière monotone.

quatre Nobles Vérités : les quatre vérités que tous les bouddhistes acceptent.

réincarnation : la renaissance de l'âme dans un autre corps.

relique : ce qui reste du corps d'un saint ou d'un maître, ou objet qui lui a appartenu.

safran : une plante, le crocus, dont les stigmates réduits en poudre sont utilisés comme colorant jaune-orangé.

sangha : la communauté bouddhiste composée des moines, des nonnes et des laïcs.

secte : un groupe de personnes qui s'est séparé d'un courant religieux important.

sermon : un discours sur un sujet religieux.

stupa : un monument bouddhique, en forme de dôme, qui abrite une relique du Bouddha ou un autre objet important, manuscrit ou statue.

sutra : mot signifiant « fil » utilisé pour désigner des recueils contenant les fils conducteurs des enseignements du bouddhisme.

vihara : un monastère bouddhique.

Vishnou : un dieu hindou très important qui se manifeste par dix incarnations ou avatars.

voie moyenne : le mode de vie qui suit les enseignements du Bouddha : il s'agit d'éviter les extrêmes, des privations intenses au luxe.

Yama : le dieu hindou et bouddhiste de la mort, juge de l'âme des vivants et des morts.

Index

Abhidharma-pitaka 29
actes justes 19
ascète 8, 15, 46
Asoka, roi 31, 33, 44

Barabudur 31
Bénarès 10, 13, 32
Bengale 13, 27
Birmanie 13, 23, 34, 36, 38, 39, 44
Bodh-Gaya 9, 13, 30
bodhi, arbre 6, 9, 16, 32, 36, 46
bouddhisme tibétain 25, 29, 42-43, 45, 46

canon pali 26-29, 44, 46
Chine 13, 44, 45
cinq Préceptes 22, 23, 46
communauté 22
crémation 30, 46
croyances justes 18

dalaï-lama 45
désir 16, 17, 20, 46
deuil 11
devin 6, 46
dharma, 10-15, 18, 23, 28, 33, 37, 43, 44, 45, 46
Dharmapada 15, 28

efforts justes 20
Europe 45
éveil 4, 5, 8-9, 10-16, 20, 21, 29, 31, 33, 36, 42, 46

façon de vivre juste 19
fête de la Dent 40
fêtes 13, 15, 36-43

Hana Matsuri 37
Himalaya 13, 43, 44
hindous 40, 41, 44, 46

Inde 4, 7, 13, 27, 31-33, 36, 38, 43-45
Japon 25, 27, 35, 37, 44

Java 31
jeûne 8, 15

Kandy 13, 31, 41
Kapilavastu 11, 13, 32-33
Kusinagara 12, 13, 30

Ladakh 13, 30
laïcs 11, 22, 23, 35, 37, 39, 46
Lhassa 13, 21
lieux sacrés 30-35
lotus 9
Lumbini 6, 13, 30, 32, 33

Magadha 13, 27
Maya, reine 6, 32, 37
méditation 9, 18, 20-25, 35, 38, 42, 43, 47
méditation juste 20
monastères 11, 23, 29, 37, 42
mort du Bouddha 8, 12, 26, 30, 32, 36, 37
musulmans 32, 44

naissance du Bouddha 6, 9, 30, 32, 36, 37
Népal 13, 32, 33
nirvana 5, 10, 21, 27, 31, 47

pali 26-29, 47
pandol 36
Parinirvana, jour de 13, 37
parole juste 19
pèlerinages 30-34, 47
pèlerins 31-35, 42
pensée juste 20
prêcher 5, 10, 11, 13, 47

quatre Nobles Vérités 16, 18, 28, 45, 47

Rahula 6
Rangoon 13, 34
réincarnation 5, 9, 12, 29, 47
relique 31, 34, 41, 47
renoncement 7

retraite des pluies 38, 39
Rimpotché, gourou 42, 43
roue de vie 5, 21
Ryoan-ji, temple 35

safran 23, 39, 44, 47
sangha 11, 12, 22, 23, 37, 47
sanskrit 27
Sarnath 10, 13, 30, 32
secte 29, 34, 45, 47
sermon 10, 13, 23, 26, 30, 32
Shwedagon, pagode 34, 39
Siddharta Gautama (prince) 4, 6-9
souffrance 4-6, 9, 10, 15-17, 24, 33, 36, 44
Sri Lanka 4, 12, 13, 19, 22, 27, 31, 36, 38, 40-41, 44, 45
stupa 30-34, 41, 44, 47
Sud-Est asiatique 15, 23, 34, 36
Sutra-pitaka 28, 29

textes sacrés 26, 29
Thaïlande 36, 38, 39, 44, 45
Tibet 13, 21, 43, 44, 45
tripitaka 27-29
triple refuge 23
trois corbeilles 27-29
trois joyaux 23

Vietnam 44, 45
vihara 11, 12, 29, 32, 33, 37-39, 44, 47
Vimalakirti-sutra 29
Vinaya-pitaka 17, 28
Voie aux Huit Étapes 16-24, 28
voie moyenne 14-18, 47
volonté juste 18

Wesak 36-37

Zen, bouddhisme 25, 35, 46